So eroberst Du jeden Mann
Garantiert: 100% Erfolgsquote

Herold zu Moschdehner

So eroberst Du jeden Mann
Garantiert: 100%Erfolgsquote

Bibliografische Information durch
Die Deutsche Bibliothek:
Die Deutsche Bibliothek verzeichnet diese Publikation in der Deutschen Nationalbibliografie; detaillierte bibliografische Daten sind im Internet über http://dnb.ddb.de abrufbar.

ISBN 9783741276651

Copyright (2016)
Herstellung und Verlag: BoD - Books on Demand, Norderstedt
Alle Rechte beim Autor.

12,99 Euro

Herold zu Moschdehner ist Liebestherapeut, Seligklempner, Zusammenführer und Entjungferungsbeobachter. In 20 Jahren hat er ungefähr 315 Menschen von der Depression befreit, 82045 Menschen davor bewahrt und nur einmal geweint.
Herold zu Moschdehner zeigt in diesem einzigartigen Buch, wie man mit Hilfe einfacher StreichelTechniken die Verbindung zu einem Menschen herstellt. Es ist vollkommen egal, wie der Typ oder Mann zu Ihnen steht.
Sie werden mit diesem Buch Erfolg haben.
Dieses Buch kappt!

Nehmen Sie dieses Buch stets mit. Tragen Sie es bei sich und benutzen Sie es öffentlich.

Es gibt zwei Funktionswege für dieses Liebesbuch. Wenn Sie einen Mann bereits im Blick haben, schreiben Sie bitte in jedes Herz seinen Namen. Sollten sie diesen Namen nicht wissen, denken Sie ihn sich.

Möchten Sie aber einfach Männer anziehen und mit ihnen zwanglos und fruchtbar ins Gespräch kommen streicheln sie einfach alle Herzchen in diesem Buch 5 Sekunden lang hinduch.

Schämen Sie sich nicht wenn Sie beobachtet werden.

Es wird zum Erfolg führen.

Konzentrieren Sie sich auf die Liebe in ihrem Körper, ihrem Geist und ihrer Seele und streicheln Sie mit jedem Herz ein wenig davon nach außen.

Ende